Los picozapatos

Grace Hansen

Abdo Kids Jumbo es una subdivisión de Abdo Kids
abdobooks.com

abdobooks.com

Published by Abdo Kids, a division of ABDO, P.O. Box 398166, Minneapolis, Minnesota 55439.

Abdo Kids Jumbo™ is a trademark and logo of Abdo Kids.

Printed in the United States of America, North Mankato, Minnesota.

102021

012022

Spanish Translator: Maria Puchol

Photo Credits: Alamy, iStock, Minden Pictures, Shutterstock

Production Contributors: Teddy Borth, Jennie Forsberg, Grace Hansen
Design Contributors: Dorothy Toth, Pakou Moua

Library of Congress Control Number: 2021939773

Publisher's Cataloging-in-Publication Data

Names: Hansen, Grace, author.

Title: Los picozapatos/ by Grace Hansen

Other title: Shoebills. Spanish

Description: Minneapolis, Minnesota: Abdo Kids, 2022. | Series: Animales espeluznantes | Includes online resources and index

Identifiers: ISBN 9781098260767 (lib.bdg.) | ISBN 9781098261320 (ebook)

Subjects: LCSH: Shoebill--Juvenile literature. | Storks--Juvenile literature. | Birds--Behavior--Juvenile literature. | Curiosities and wonders--Juvenile literature. | Spanish language materials--Juvenile literature.

Classification: DDC 596.018--dc23

Contenido

El picozapato

El picozapato es un **ave limícola** grande. Se encuentran en pantanos y humedales del este y centro de África.

Los picozapatos miden casi 4 pies de alto (1.2 m). Tienen dos piernas largas que sujetan su **robusto** cuerpo.

Están recubiertos de preciosas plumas de color gris azulado.

¡La **envergadura** de las alas de un picozapato es de 8 pies de largo (2.4 m)! Aunque sus vuelos son cortos y escasos.

Tienen la cabeza grande.

Sus ojos también son

extraordinariamente grandes.

El rasgo más peculiar de un picozapato es su gran pico. La punta de su pico tiene forma de gancho y es perfecto para cazar a sus **presas**.

Caza y alimentación

Los picozapatos se sientan y esperan a sus **presas**. Una vez detectada su presa se mueven rápido y sumergen la cabeza dentro del agua.

Los picozapatos mueven la cabeza de lado a lado. Así se deshacen de las plantas que accidentalmente hayan podido sacar. Y después se tragan de una a su **presa**.

Crías de picozapato

Las hembras ponen de 1 a 3 huevos a la vez. Después de 30 días los huevos eclosionan. Los padres alimentan a los polluelos hasta que están grandes y fuertes.

Más datos

- Aunque los picozapatos ponen varios huevos, sólo uno sobrevive.
- El pico de un picozapato es casi tan ancho como largo.
- Su nombre científico es balaeniceps rex, lo que significa “rey de cabeza de ballena”.

Glosario

ave limícola – cualquier tipo de ave con las piernas largas y que anda por el agua despacio y con cuidado en busca de alimento.

envergadura – distancia entre las puntas de las alas de un ave.

presa – animal que es cazado para ser comido por otro animal.

robusto – fuerte, resistente o sólido.

Índice

¡Visita nuestra página **abdokids.com** para tener acceso a juegos, manualidades, videos y mucho más!

Los recursos de internet están en inglés.

Usa este código Abdo Kids

SSK2545

¡o escanea este código QR!